RÉCITS

HISTORIQUES, EXACTS ET SINCÈRES

DES

SEPT VOYAGES

PAR MER & PAR TERRE

Faits au Brésil, au Cap-Horn, au Chili,

aux Cordillères des Andes,

à Mendoza, dans le Désert et à Buénos-Ayres

PAR

Victor-Athanase GENDRIN

Ancien commerçant dans les mers du Sud, né à Paris, le 2 mai 1793,
parti de France en 1816,
et revenu dans sa patrie le 25 décembre 1823.

La critique est aisée et l'art est difficile.
BOILEAU.

EXTRAIT DE LA PUBLICATION DE 1856

SE TROUVE

CHEZ M. GENDRIN, PROPRIÉTAIRE, AUTEUR-ÉDITEUR

BOULEVARD DE LA REINE, 99, A VERSAILLES

1860

Cet ouvrage, destiné à un acte de bienfaisance, sera un remerciment à Dieu de m'avoir préservé des périls dans les positions difficiles de mes voyages ; désireux de rappeler les services que m'ont rendus mes amis et mes bienfaiteurs, sans oublier les deux hospitalières qui, dans le désert où j'ai été perdu seize heures, se sont montrées si généreuses pour moi. Honneur et bonheur à toutes ces personnes, et que l'âme de celles qui n'existent plus, repose en paix !

Cette production, qui n'est pas un roman, est ornée d'un bon nombre de vues lithographiées.

INTRODUCTION

C'est avec franchise que Victor-Athanase Gendrin vient dire à son pays, à ses compatriotes, ce
qu'il a osé entreprendre, ce qu'il a supporté, pen-
dant des années, le passage subit de plus de 40
degrés des chaleurs du Tropique aux glaces qui
bordent le Pôle Arctique ; qu'il a vu sans pâlir
les phénomènes et les catastrophes de la nature,
le terrible tremblement de terre qui eut lieu au
Chili en 1822, et dont, de mémoire d'homme du
pays, on n'en avait pas ressenti un pareil ; il vous
append qu'il a gravi les monts sauvages des Cordillères des Andes, hautes de près de 7,000 mè-
tres, et, au milieu des neiges éternelles, il a été
invité, par un jeune et vaillant guerrier péruvien,
de l'accompagner à chanter l'hymne immortel
de *la Marseillaise ;* il nous fait aussi la description
de ces gigantesques montagnes qu'il a dû traverser, et qui n'ont pas moins de 400 kilomètres de
descente, en partie dans ses profondeurs, et qu'il
a passé sous des voûtes infernales bordées de
précipices. Il nous donne le détail des plaines
des Incas, couvertes d'Indiens et de sauvages, et
de sa traversée dans le désert, dont le tableau est
des plus émouvants. Il vous dit enfin ce que peu
d'historiens ont jamais mis à votre connaissance :
ce qui se passe presque au bout du globe.

CONSEILS DE MES AMIS

Ces voyages seraient restés dans l'oubli si quelques personnes, aussi honorables qu'obligeantes, à qui j'en ai lu plusieurs passages ne m'eussent conseillé d'en écrire le récit complet. A les entendre, il était curieux d'y voir un jeune homme se tirer par lui-même de positions fâcheuses et difficiles, et raconter ensuite son histoire aussi intéressante qu'instructive. Si le style n'y est pas élevé, le fond est de la plus exacte vérité.

Il n'a pas plus voulu parer sa personne que son langage ; il n'a point voulu se poser en personnage important ; c'eût été cesser d'être sincère, puisqu'il est parti sans fortune.

En écrivant autrement, on peut composer de beaux voyages pleins de mensonges, que le lecteur accepte comme autant de réalités ; mais on trompe, et moi je veux être franc, dire les choses comme elles se sont passées, le bien comme le mal, le mal comme le bien, mes erreurs et mes fautes, et cela, depuis le commencement jusqu'à la fin de mon récit.

Je puis aussi rappeler que bien des gens dont les débuts

ont été aussi modestes que les miens, qui ont couché à la taverne des matelots et ensuite à l'entrepont, ont aujour-d'hui une magnifique position, comme MM. A. V***, ban-quiers à Paris, ayant équipage; comme les frères B***, riches marchands de soieries dans la capitale, M. G***, le doyen des expéditionnaires des mers du Sud, qui a hôtel et donne cinquante mille francs de dot à chacun de ses enfants, sans compter beaucoup d'autres personnes, comme mon patron, devenu un bon bourgeois de Paris. Tous ces industriels ont, comme moi, couché à l'auberge du Hâvre, avant d'arriver dans les notabilités financières, ce qui me permet de dire que bien des gens qui sont en haut, sont partis d'en bas, et que probablement, s'ils étaient à ma place, ils n'imiteraient point ma franchise.

Rester dans le vrai, voilà donc mon principe; je ne cherche point à briller en le sacrifiant ; car, une fois qu'on en est sorti, on n'écrit plus une histoire, mais un roman ; je reste sur mon terrain et ne m'élève pas au-dessus de ma position réelle ; je raconte une histoire qui n'est pas celle d'un autre, mais bien la mienne, et j'y mets tous les événements qui me sont arrivés, toutes les choses que j'ai vues, toutes les conversations auxquelles j'ai pris part, et je suis aussi fier du commencement que de la fin de ma vie.

Le récit que j'entreprends de faire, renferme un ensei-gnement moral.

J'y dis, en effet, aux jeunes gens : entreprenez ce qui vous paraît utile ; luttez avec courage contre les difficul-tés qui vous arrêtent, contre les obstacles que vous rencontrerez, et vous finirez par triompher ; mon exemple en est la preuve.

Ce livre montre encore qu'un homme peut apprendre à se suffire à lui-même ; qu'il ne doit nullement céder à cette honteuse frayeur qu'inspirent les voyages longs au-delà des mers.

Ainsi, pour ce qui me concerne, j'eus, avant de faire les miens, à résister aux représentations de mes parents, qui me faisaient envisager les hasards de mon entreprise ; qui se montraient profondément affligés de mon départ, et qui ajoutaient à leurs touchantes prières cette triste déclaration : « Qu'ils ne pouvaient en rien me venir en aide. » Je n'en fus pas moins innébranlable dans ma résolution ; je partis, bénissant ma famille, demandant à mon père, que je ne devais plus revoir, de penser quelquefois à moi, adressant la même prière à ma mère, et je remis tout mon avenir à mon patron, qui tint les promesses qu'il nous avait faites avec une scrupuleuse loyauté.

Enfin, en me lisant, on apprendra à se rendre maître, quand il le faut, des sentiments les plus chers au cœur de l'homme, afin de pouvoir mener à bien ses entreprises ; puis, à se montrer confiant, comme je le fus ; bien que parfois j'ai été trompé dans mon commerce, j'ai reconnu qu'il y a de bons et braves gens parmi nos compatriotes et parmi les étrangers.

GENDRIN.

AVANT-PROPOS DE L'AUTEUR

Nous réclamons des personnes qui liront ces récits, l'indulgence dont a besoin leur auteur ; elles y trouveront des locutions ordinaires, des réflexions simples, mais sensées, que son peu d'érudition ne lui a pas permis d'éviter ; il sait qu'il n'a aucune des qualités de l'homme de lettres, et il n'a pas prétendu écrire une histoire de ses voyages, dans l'acception ordinaire de ce mot.

Il n'a voulu qu'une seule chose, se retracer, maintenant qu'il vit dans la retraite, le tableau des événements auxquels il a pris part, des malheurs qu'il a partagés, des scènes de la nature dont il a été témoin ; il a voulu surtout se remettre sous les yeux les services qu'il a reçus de ses compagnons de voyage, de ses amis, de ses bienfaiteurs.

On verra dans ce livre quelle a d'abord été sa modeste position, quelles imprudences et quelles fautes lui ont fait perdre ses plus belles années, à lui, qui pourtant a toujours eu le désir du bien ; ses lecteurs le suivront au milieu de ses traverses ; ils le verront lutter contre l'adversité, vivre dans une continuelle alternative de succès et de revers, supporter, sans se plaindre, les privations, les souffrances et parfois les humiliations causées par le nouveau genre de commerce qu'il fut obligé d'entreprendre momentanément pour éviter sa ruine; ils le verront aussi, dans la bonne comme dans la mauvaise fortune, toujours confiant en la Providence.

Il n'a jamais cessé non plus d'avoir pour sa famille, pour ses amis et pour sa patrie, un profond attachement. Il espère que Dieu le récompensera de la résignation qu'il a montrée dans la souffrance, non pas en lui donnant la richesse, mais seulement les moyens de vivre honorablement dans une douce obscurité, où il lui soit permis de n'exciter ni l'envie ni la pitié de personne; il n'a aucun désir de célébrité.

Il a mis néanmoins tous ses soins à composer cet ouvrage; il a recueilli, pour les rendre exacts, tous ses souvenirs; il a fait de son mieux pour donner à son travail le mérite qu'il devait avoir, celui de la sincérité et de la bonne foi; pour y arriver, il s'est imposé beaucoup de recherches fatigantes; il a pris, en un mot, des peines infinies, et cela, au risque d'affaiblir ses facultés par une trop grande contention d'esprit; plus d'une fois, il s'est senti découragé; plus d'une fois, il a abandonné son œuvre pour rétablir sa santé, que ses travaux et ses veilles avaient altérée; puis, il l'a reprise avec une nouvelle ardeur, et enfin il est parvenu à la terminer.

AVIS AU LECTEUR.

C'est toujours un spectacle qui impressionne vivement un homme de bon cœur, que celui d'un autre homme aux prises avec l'adversité ; il nous oblige à faire un retour sur nous-mêmes et à nous dire : « Placés dans les circonstances où il s'est trouvé, aurions-nous su éviter les fautes qui ont entraîné ses malheurs? Malheureux comme il le fut, aurions-nous été plus que lui résignés et patients? A demi-ruinés comme lui, aurions-nous été plus habiles à réparer nos désastres? »

En même temps que des récits de voyages nous rendent modestes, en nous montrant le peu que nous sommes, quand, réduits à nous-mêmes et loin de nos parents, de nos amis, de nos compatriotes, lorsque nous sommes dans un nouveau monde, ils nous apprennent ce qu'il y a de douceur dans les liens qui nous unissent à une famille et à une patrie; ils nous font sentir combien est vrai le vers suivant :

« Plus je vis l'étranger, plus j'aimai ma patrie. •

A ce propos, nous dirons que la partie de l'histoire de M. Gendrin, qui nous a le plus frappé, est celle qui concerne ses amitiés; peu de personnes, peu de voyageurs surtout, ont été, sous ce rapport, plus heureux que lui; il a trouvé dans tous les pays et dans toutes les situations, des hommes qui lui ont montré de l'affection et donné les

témoignages les plus touchants et les plus nombreux :
soins, confiance, argent, dévouement ; il a tout trouvé
chez ses compagnons de voyages, rien ne l'a plus recom-
mandé à nos yeux ; là est son premier titre à la sympathie
de ses lecteurs.

Il en trouvera aussi, nous l'espérons, parmi les gens
qui, étant simples de cœur, aiment ce qui est vrai et naturel.

L'auteur de l'avant-propos qu'on vient de lire et des
récits qui suivent, nous a demandé de les recopier et d'en
épurer le style que son peu d'habitude d'écrire aurait pu
laisser incorrect.

Nous y avons consenti.

Ce travail achevé, nous lui avons proposé de nous en
confier un autre, qui nous paraissait le complément naturel du premier, et qui eût consisté à élaguer du livre ce
qu'il nous paraissait avoir d'inutile, pour n'en conserver
que les parties neuves et intéressantes ; nous aurions
voulu également que les parties conservées fussent mises
dans un meilleur ordre, afin de donner à la narration plus
de suite, plus de mouvement, et par conséquent plus
d'intérêt.

Nos propositions n'ont point été accueillies ; voici
pourquoi : « Je n'ai pas voulu, nous a répondu M. Gendrin, vous fournir les matériaux d'un livre nouveau,
mais vous donner seulement le mien à traduire ; au milieu des innovations que vous me faites entrevoir, je ne
me reconnaîtrais plus, je me trouverais dépaysé, perdu

comme dans un désert ; or, ce que je veux, c'est me
remettre en présence de mes vieilles connaissances, de
converser de nouveau avec elles, dans leur langage et
dans le mien ; de revivre de ma vie passée, de retrouver
mes jeunes années, mes émotions d'autrefois, mes amis
qui sont absents, mes amis qui sont dans la tombe ; c'est
là une consolation que j'ai voulu réserver à ma vieillesse,
et que votre livre, à vous, ne me donnerait pas. »

J'ai dû me conformer aux intentions de M. Gendrin, et
lui laisser, en dégageant la mienne, l'entière responsabilité de son œuvre. Je me suis donc borné à remplir la
modeste tâche de traducteur et de copiste, qu'il a bien
voulu me donner.

Que si on me demande quel est mon jugement sur ces
récits de voyage, je n'éprouverai, à l'exprimer, aucun
embarras.

Si, au point de vue littéraire, ils ne sont pas sans re-
proches, ils ont cependant un mérite précieux, ils sont
vrais ; il y règne un ton de franchise et de bonne foi qui
a un grand charme ; on y trouve une naïveté d'idées et de
langage bien naturelle, et qui aussi repose doucement
l'esprit ; les caractères, les événements, les personnages y
sont ordinaires ; mais, n'y a-t-il d'intéressant que ce qui
est élevé ?

Cette histoire a un autre avantage : elle est variée ;
ainsi, on y passe sans cesse d'une scène à une autre,
d'une aventure de ville à un accident de voyage, de l'intérieur d'une boutique à une fête de campagne, du spec-

tacle des plaines de l'Océan au tableau des Cordillères des Andes, de la peinture d'un dîner d'amis à celle d'un tremblement de terre.

Elle a aussi son côté instructif pour le naturaliste, le commerçant, le voyageur, et même pour le moraliste; car, le Brésil, le Chili et Buénos-Ayres sont des pays pour eux presque encore inconnus, et dont par conséquent la description est propre à piquer leur curiosité.

M. Gendrin, éloigné à 17 ou 18,000 kilomètres de la France, isolé au milieu de populations étrangères, sans appui, souvent sans ressources et réussissant néanmoins à se tirer du péril et des difficultés, nous intéresse comme Robinson Crusoé dans son île.

Quant à la partie morale de cette œuvre, il est inutile de dire que nous n'avons ni à l'accuser, ni à la défendre, ni même à la juger ; nous en laissons l'honneur ou la responsabilité à son auteur, et sous ce rapport surtout, nous avons scrupuleusement respecté sa pensée.

ANOT DE MAIZIÈRES.

CONCLUSION

par

UNE VISITE AU HAVRE

sur les Voyages du Passe-Temps

Par **M. GENDRIN**

—

1855

RÉCIT DESCRIPTIF ET HISTORIQUE EN PROSE RIMÉE

Depuis plus de trente ans que date mon retour
Dans ma chère patrie, objet de mon amour,
D'où longtemps éloigné, je la rêvais sans cesse,
Comme eût fait un amant de sa belle maîtresse.
J'eus l'étrange désir d'aller revoir le port
Où devait autrefois se décider mon sort...
Je pars très-enchanté de ce petit voyage,
N'emportant avec moi qu'un bien léger bagage ;
Et ce gentil projet, qui n'avait d'autre but,
Devait me rassurer contre un mauvais début.
Il n'en fut pas ainsi, comme je vais le dire,
Et personne, je crois, n'aurait pu le prédire ?...
J'arrivai donc au Hâvre à neuf heures du soir ;
La lune à son déclin rendait le temps moins noir...

Je suis, sans y penser, juste sur la jetée,
Que je croyais plus loin par l'ombre projetée,
Et de ce lieu j'entends la mer battre et mugir ;
Ce bruit, que je connais, me fait encor frémir.
Je ne remarque pas que près de moi se trouve,
Un petit escalier qui tout-à-coup me prouve
Que j'aurais dû mieux voir avant d'en approcher.
Et faire attention pour n'y pas trébucher.
Cette chute pourtant pouvait m'être funeste ;
C'est un fait qui toujours m'a paru manifeste.
La jetée est étroite, et tombant près du bord,
Je me croyais perdu dès le premier abord ;
Mais je sus opposer assez de résistance
Pour sortir du péril, grâce à la Providence
Qui vint à mon secours, tellement à propos,
Que sans elle, bien sûr, je tombais dans les flots...
Je ne sentis jamais un moment plus critique,
Même dans mes dangers courus en Amérique.
Assurément ceux-là furent bien grands aussi ;
Mais venir de si loin et pour finir ainsi !...
    Quelle fatalité me poursuivrait au Hâvre ?
Et me faudrait-t-il donc y laisser mon cadavre ?
En dix-huit cent vingt-trois, à bord d'un bâtiment,
J'ai cru perdre la vie à mon débarquement,
Par l'obstination d'un maladroit pilote,
Qui, disait-il, était notre compatriote ;
Et tout en bavardant, il gouvernait si mal,
Qu'il nous mit en travers au milieu du chenal :
Un navire étranger nommé le *Juttervôlre*,
Faillit nous engloutir en transperçant le nôtre...
C'est dans la même ville, où, sans me fourvoyer,
Je me blesse en tombant et risque me noyer :

A moins de cent vingt pas peut-être de distance,
Ici, deux fois, je manque à perdre l'existence !...
    Mais à quoi bon, mon Dieu, tant songer au passé,
Quand pour moi le présent s'est si bien annoncé ?
Arrière une idée alors qu'elle me nâvre,
Disposons-nous demain à visiter le Hâvre.
Je rentre, maintenant, ne pouvant plus marcher ;
Pour me remettre un peu je vais m'aller coucher.. . .
. . . .

    Le lendemain matin, dès l'aube, je me lève,
Le cœur tout réjoui d'un assez joli rêve ;
Pourtant je souffre encor de ma chute d'hier,
Et cela se conçoit, je ne suis pas de fer.
Je sors pour commencer ma première tournée ;
Déjà le ciel m'annonce une belle journée ;
Je visite la ville, elle me paraît bien,
J'y vivrais volontiers si j'avais le moyen ;
Mais ici tout est cher, et pour ce fait on glose,
Quoique pourtant ailleurs ce soit la même chose.
En parlant ainsi seul, je me mets au courant,
Des deux ou trois quartiers, tout en les parcourant.

    La ville est avec soin des mieux entretenues ;
Dans différents endroits, je vois de larges rues,
Et de jolis hôtels, dont la construction
D'un genre gracieux fixe l'attention.
J'examine de près plusieurs beaux édifices,
Pour lesquels on a fait de très-grands sacrifices.
Ma visite finit par quelques ateliers,
Y compris l'arsenal et même les chantiers...
C'est assez pour l'instant, je gagne ma demeure,

Afin, du déjeûner, de ne pas manquer l'heure.
Je me promets ce soir un tout autre plaisir,
Des plus récréatifs et qui sait me ravir.
Je veux dès aujourd'hui me payer le spectacle,
Où du moins, en province, on entre sans obstacle.
La salle est depuis peu décorée avec goût ;
Elle est remise à neuf de l'un à l'autre bout :
Et les loges toujours, dont les dames s'emparent,
Font très-bien ressortir les grâces qui les parent.
On vante, en maint endroit, la beauté du rideau,
Remarquable travail d'un habile pinceau.
Un point essentiel, comme au Hâvre on le prouve,
C'est tout l'orchestre aussi, qu'il faut que l'on approuve.
La troupe est au complet et fort bonne, dit-on ;
L'opéra compte en outre un nouveau baryton :
Une prima-dona, deux célèbres actrices
Feront, des amateurs, sans doute les délices.
Hier, je me souviens, on nous parlait encor,
D'un artiste en renom, d'un excellent ténor...
Oui, très-certainement, j'irai juger moi-même
Du talent de chacun, au théâtre que j'aime,
Ce qui me plaît m'amuse, et je suis satisfait.
Puis, d'ailleurs, entre soi, que voit-on de parfait ?
Et pourtant l'indulgence est bien rare en ce monde :
J'entends pour le prochain, car pour nous elle abonde.
Combien est-il de gens n'ayant rien oublié,
Qui critiquent toujours sans aucune pitié ?
Et le nombre en est grand. Aussi l'on en voit d'autres
Qui cachant leur orgueil ont l'air de bons apôtres ;
Ceux-là sont des phénix : du moins à ce qu'on dit,
Mais ils tranchent sur tout, faute d'assez d'esprit...
A rire et commenter, mon Dieu, qu'on est habile.

Mais créer un volume : ah ! c'est plus difficile !
Et si, de cette histoire, on glose ou l'on médit,
Alors que ce censeur écrive un manuscrit,
Afin de décider ou de son savoir-faire,
Ou s'il a le dessein de nous être contraire...
Et puis, que prouverait trop de sévérité,
Quand je viens avouer avec sincérité,
N'avoir jamais suivi, plus que d'agriculture,
Des cours de rhétorique et de littérature?
Qui pourrait m'accuser de ne pas être franc
Et vouloir d'un auteur m'élever jusqu'au rang,
Lorsqu'ici, sans détour, suivant mes habitudes,
Je redis volontiers : j'ai fait très peu d'études?
Et tout au plus assez pour tracer mes récits,
Que j'aurais voulu, certe, avoir bien mieux écrits?
Mais qui sont destinés à faire une bonne œuvre,
Que je préfère encore au plus joli chef-d'œuvre.
Qu'on regarde, au surplus, dans son avant-propos,
Ce qu'Anot de Maizière a dit fort à propos
Du style de mon livre : écoutez son langage,
Sur le compte qu'il rend, des faits de mon ouvrage,
Qu'on ne taxera pas d'exagération.
Je ne veux rien de plus que sa décision;
J'assure avec plaisir qu'elle m'est suffisante,
Et plus j'y réfléchis, et plus je m'en contente..

    D'ailleurs, le vrai mérite est toujours indulgent,
Le présomptueux seul n'est que désobligeant.
Si souvent nous pé hons : car, disons le mot propre,
C'est entre autres défauts, par excès d'amour-propre.
    Je ne suis pas ami de la causticité,
Pourtant faut-il encor dire la vérité :
Privé d'un grand savoir, je n'ai point de jactance,

Et ne parle jamais ni d'art ni de science,
A nul, je ne voudrais faire ici de leçon,
Pour moi, j'en ai besoin, je le dis sans façon ;
Puis à quoi bon aussi s'ajouter à la liste
De phraseurs ennuyeux pour être moraliste ?...

. . . .

Allons ! allons ! j'y suis !... J'entends mon estomac,
Me dire qu'il n'a bu qu'un seul doigt de cognac
Et qu'il se meurt de faim... Oui, le drôle est mon maître,
Il prétend qu'à l'instant, je le mène repaître...
Comme vraiment par goût, il n'aime pas jeûner,
Pour lui faire plaisir, je m'en vais déjeûner...

. . . .

Je me dirige après, sans crainte de bagarre,
Vers un tout autre endroit, où se trouve le phare ;
Et monté jusqu'en haut, j'ai présent sous les yeux,
Un immense horizon, où la mer et les cieux
Sembleraient se confondre et borner notre monde ;
Menacé, dirait-on, incessamment par l'onde.
Ce tableau grandiose est pour moi ravissant,
J'admire avec respect, l'œuvre du Tout-Puissant !...
Soudain, des souvenirs me reviennent en foule,
En voyant à mes pieds se soulever la houle,
Aujourd'hui plus tranquille et peut-être demain
Sera-t-elle plus loin la terreur du marin ?
Et sous peu le tombeau de plus d'une victime !...
Enfin, je me retrouve en ce port maritime.
L'orgueil national, et qui fut tour-à-tour,
Témoin de mon départ, témoin de mon retour.
Je regarde d'ici les beaux vaisseaux de guerre,

La force du pays, si redoutés naguère,
Et l'indice certain de nos temps glorieux,
Où partout les Français étaient victorieux,

Je m'imagine voir, parcourant les empires,
Ces riches bâtiments, ces superbes navires,
Sur l'un desquels jadis, je traversai les mers
Pour tenter la fortune au bout de l'univers.
Tout en réfléchissant, j'écoutais comme un sage,
Le bruit de quelques flots se briser sur la plage,
Et remarquant la passe et plus loin l'Océan,
Ce grand lit où l'on couche aidé par l'ouragan.
Ce grand lit où j'ai craint que les draps trop humides
Me servent de linceuls sans voir les Néréides.
Et mettant chapeau bas, je rends grâces au ciel
De sa protection pour un faible mortel,
En ayant bien voulu me rendre favorable
Le dieu des mers du Sud, si souvent redoutable.,.
Toi qui résistes, Éole, aux chaleurs, au grésil,
Veux-tu, pour m'obliger, t'en aller au Brésil?
Puis ensuite au Chili? rangeant le pôle Arctique
D'où tu sais m'avoir vu voguer vers l'Amérique,
Assez près du Cap-Horn, où, dérivant beaucoup,
Le vaisseau pouvait être englouti tout-à-coup ?
Nous étions assaillis par de fortes rafales,
Et n'avions pour repos que de courts intervalles.
La neige à gros flocons tombant abondamment,
Envahissait le pont de notre bâtiment.
Ce temps abominable entravait la manœuvre,
La rendait dangereuse, et l'équipage à l'œuvre
Se disait fatigué. Le froid et le roulis
Augmentaient l'embarras où nous étions réduits.

J'apercevais au loin des montagnes de glace
Que bientôt, me dit-on, nous allions voir en face :
Mais pour arriver là, fallait-il commencer
Par te braver d'abord en tâchant d'avancer.
Sans doute ce parti, quoi des moins faciles
Avec des matelots devenus indociles,
Devait être tenté pour sortir d'un péril,
Que je ne courus pas en allant au Brésil.

 Éole, pourquoi donc, dans ces tristes parages,
Te montrer furieux proche de leurs rivages ?
Avec réflexion modère ton courroux.
Sous un semblable ciel deviens juste et plus doux.
Rends la mer moins mauvaise, et que son nom s'applique
Avec plus de raison à la mer Pacifique.

 Près la terre de Feu, sur le Grand Océan.
Non loin des Patagons, au détroit Magellan,
Pays déshérités de toute la nature,
Et que tu veux encore accabler sans mesure,
Pourquoi plus maltraiter ces malheureux climats
Que bien d'autres, ailleurs, que tu n'affliges pas ?...
A quoi bon, s'il te plaît, ce surnom de *Borée*
Qu'on te donne sans cesse en une autre contrée ?
N'importe d'où tu viens, du nord ou du levant,
Partout on te connaît pour le seul dieu du vent.

 Éole, accoutumé de régner sur le globe,
Il n'est rien ici-bas que ton souffle n'englobe.
Ce souffle assez bénin, n'est qu'un joli semblant,
Qui change et puis finit par être violent
Au point de nous causer de terribles bourrasques,
Que chacun attribue à tes esprits fantasques.
Quand tu grondes avec impétuosité,
Je voudrais de ce bruit savoir l'utilité ?

Et si je ne craignais alors de te déplaire,
Je te demanderais ce qu'ici tu viens faire?...
Mais pardonne, et dis-moi si tu veux, aujourd'hui,
Passer en Amérique, où déjà tu m'as nui ?
Si je suis sans rancune, au moins fais-moi la grâce
De ne pas hésiter à traverser l'espace.
Tu ne dois obéir qu'à la Divinité,
Qui t'a donné la force et la rapitdié.
Je ne t'ordonne rien, seulement, je te prie,
De partir sans délai pour la rive chérie,
Où j'ai quitté jadis de dignes habitants,
Que je te recommande en ces heureux instants.
Voici le complément de ton itinéraire;
De même que plus haut, la fin doit être claire :
Sous la zone Torride, arrête-toi d'abord,
Puisqu'ainsi tu le veux : mais en passant au nord
Tourbillonne au Cap-Horn et refoule ses glaces,
Jusqu'à Valparaiso n'en laisse aucunes traces...
Sois bon pour Santiago, le Désert, Mendoza,
Où notre caravane un jour se reposa.
Tâche d'anéantir les Hautes Cordillères,
Pour unir le chemin qui mène à Buénos-Ayres.
Que l'on ne parle plus de ces monts sourcilleux,
Dont la cime hardie étonne encor les cieux.
Ces superbes géants, les plus grands de la terre,
Méprisant la tempête et bravant le tonnerre,
Renfermant dans leur sein, comme des ouragans,
Une lave brûlante et vingt-quatre volcans...
Éole, abaisse au moins, si tu ne peux mieux faire,
Cette masse effrayante, inutile barrière,
La terreur de celui qui doit la traverser,
Et qui n'est pas certain de la pouvoir passer,

En regardant de près ces énormes montagnes,
Qui jamais ne se quittent, étant sœurs et compagnes,
Dont les sentiers étroits, bordés d'un gouffre affreux,
Montrent au voyageur un parcours périlleux,
Car si sa mule bronche et que lui-même tombe,
Il ne rencontrera qu'une profonde tombe...

Repose-toi, pour voir dans ces pays lointains,
Les bons hospitaliers, mes chers Américains.
Dis-leur bien qu'une intime et vieille connaissance
Aura toujours pour eux de la reconnaissance,
Et qu'elle n'oubliera ni leur urbanité,
Ni de leurs sentiments toute la loyauté,
Qu'elle en conservera l'éternelle mémoire,
Qu'ils peuvent s'en convaincre en lisant son histoire;
Et qu'elle t'a prié de prendre ton essor
Pour leur dire en ce jour, que Gendrin vit encor!...

DORLIN PÈRE.

Août 1856.

TABLE DES MATIÈRES

CONTENUES DANS L'OUVRAGE

DONNANT LA RELATION DES VOYAGES

Faits au Brésil, au Cap-Horn, au Chili, aux Cordillères des Andes,
à Mendoza, au désert, et à Buénos-Ayres.

VERSAILLES. — IMPRIMERIE CERF, RUE DU PLESSIS, 59.

MES LECTEURS.

La publicité donnée récemment à la relation de mes voyages et principalement l'hommage respectueux que j'ai fait d'un exemplaire de ce faible ouvrage à ceux de mes concitoyens que la confiance publique a honoré de ses suffrages, ont engagé plusieurs de ces messieurs à m'adresser, à titre de remerciements, des félicitations et des éloges auxquels j'ai été vivement sensible mais dont néanmoins je me garderai de trop m'enorgueillir, persuadé, comme je le suis, qu'ils proviennent bien plus d'un simple sentiment de convenance et d'une excessive indulgence que du mérite d'une œuvre qu'il n'a pas dépendu de moi de rendre moins imparfaite, malgré le soin et les efforts extraordinaires de mémoire auxquels j'ai dû recourir, dépourvu comme je le suis de notes quotidiennes prises sur les lieux.

La profonde gratitude dont je suis pénétré envers ces honorables & bienveillants concitoyens, qui occupent ou qui ont rempli dignement d'importantes fonctions dans ma chère ville natale, m'a inspiré le désir de la leur exprimer hautement en faisant insérer, au commencement ou à la fin des exemplaires que j'ai encore à ma disposition, les précieux témoignages qu'ils ont voulu me donner, par lettre, de leur généreuse sympathie; le souvenir que j'en conserverai sera pour moi la plus douce satisfaction que m'aura procuré un travail difficile que j'ai entrepris avec opiniâtreté dans la pensée qu'il en pourrait ressortir un enseignement utile pour quelques jeunes gens d'un caractère aventureux comme a été le mien. Je serais doublement heureux si le but que je me suis proposé en accomplissant cette lourde tâche, peut un jour être atteint à l'égard de plusieurs, ne le fut-il même que partiellement, et j'ose espérer que le motif qui m'a guidé sera considéré comme une circonstance atténuante de ma témérité.

1861

Athanase GENDRIN.

Mairie
de
Versailles.

Versailles, le 29 Xbre 1856.

Monsieur,

J'ai l'honneur de vous accuser réception des exemplaires que vous voulez bien offrir aux Membres du Conseil Municipal et à la Bibliothèque publique de la ville.

Les deux volumes destinés à notre Bibliothèque, y ont été déposés, et je me ferai un plaisir d'offrir à Messieurs mes Collègues, lors de leur prochaine réunion, ceux que vous leur destinez.

Je vous prie, Monsieur, d'agréer dès à présent, mes remerciements personnels, et l'assurance de ma parfaite considération.

Le Maire de Versailles,
Ancien Membre des Assemblées Législatives.

Remilly

M. Gendrin, propriétaire, Boulevard de la Reine, 99.

Mairie
de
Versailles.

Versailles, le 2 avril 1857.

Monsieur,

Vous avez bien voulu offrir à chacun de Messieurs les Membres du Conseil Municipal, comme à moi, un exemplaire de la relation de vos voyages.

Mes Collègues m'ont chargé dans notre séance du 31 Mars dernier, de vous faire parvenir leurs remerciements pour votre obligeante attention. Un voyage naïf et vrai est assez peu commun pour qu'on adresse à son auteur les félicitations qui lui sont dües.

Veuillez recevoir aussi, Monsieur, l'expression réitérée de mes sentiments dévoués & reconnaissants, et l'assurance de toute ma considération.

Le Maire de Versailles
Ancien Membre des Assemblées Législatives

Remilly

Mr Gendron, propriétaire, Boulevard de la Reine, 99.

Préfecture
de
Seine-et-Oise.

Cabinet
du Préfet.

Versailles, le 31 Octobre 1836.

Monsieur,

J'ai reçu l'ouvrage ayant pour titre : Le passe temps, ou l'Industriel devenu commerçant, dont vous êtes l'auteur, et que vous avez la bonté de m'offrir.

Je lirai avec plaisir ce volume qui doit être plein d'intérêt, je vous remercie d'avoir bien voulu penser à me l'envoyer.

Veuillez agréer Monsieur, l'assurance de ma considération très distinguée.

Cte de St Marsault
Préfet de Seine-et-Oise.

Mr Gendrin, propriétaire, Boulevard de la Reine, 99.

Saint-Cyr, le 3 Mai 1860.

Ecole
impériale spéciale
militaire

Cabinet
du
Général Commandant.

Monsieur,

J'ai l'honneur de vous remercier, au nom de l'Ecole Impériale spéciale militaire, de l'exemplaire de vos voyages dans l'Amérique méridionale que vous avez bien voulu m'adresser, le 2 de ce mois, pour la bibliothèque de l'établissement, dans la quelle je me suis empressé de le faire placer.

Agréez, Monsieur, l'assurance de ma considération distinguée.

Le Général de division,
Commandant l'Ecole Impériale
spéciale militaire.
Comte

À Mr P. A. Gendrin, Versailles.

Préfecture
de
Seine-et-Oise.

Cabinet
du Préfet

Versailles, le 6 Juin 1857.

Monsieur,

J'ai lu avec le plus vif plaisir le volume dont vous avez bien voulu me faire hommage, contenant la relation de vos voyages au Brésil, au Chilli, aux Cordillères, à Buenos-Aires, etc.

Cet ouvrage est non seulement plein d'intérêt par le récit des incidents émouvants qui se sont produits dans le courant de votre honorable carrière, mais il est encore plein de moralité pour les jeunes gens auxquels il enseigne tout ce que peut vaincre de difficultés, le courage soutenu par une persévérance au travail qui puise sa force dans l'honneur & la loyauté.

Si le faible tribut d'un homme de cœur qui sait apprécier vos efforts, peut avoir quelque mérite à vos yeux, c'est avec plaisir que j'apporte le mien pour le glisser modestement parmi ceux de vos nombreux & honorables amis.

Veuillez agréer Monsieur, avec mes remerciements, l'assurance de ma considération la plus distinguée.

Le Chef du Cabinet de Mr le Préfet,

C. h. Gaume

Mr Gendrin, propre, Boulevard de la Reine, 99.

Versailles, le 6 Février 1857.

Monsieur et excellent Concitoyen,

J'ai reçu ainsi que mes Collègues du Conseil Mu-
-nicipal, un exemplaire de la relation de vos voyages,
que plusieurs personnes dignes, ainsi que vous le dites
d'en apprécier le mérite & l'utilité, vous ont engagé à
rendre publique par la voie de l'impression ; quelque soit
l'intérêt que prendront à ces voyages ceux qui auront l'avan-
-tage d'en faire ou d'en entendre la lecture, il ne pourra
égaler celui qu'il doit inspirer à vos compatriotes, car cet
ouvrage dédié à la ville de Versailles par un de ses enfants
rudement éprouvé, sera d'autant plus agréable à ceux qui
comme moi sont nés dans son sein, qu'il permet d'a-
-jouter un nom honorable à ceux dont, à divers titres, elle a
lieu d'être fière, & dont elle peut à bon droit se glorifier.

C'est avec ces sentiments que je vous prie d'agréer
mes félicitations, non seulement pour votre œuvre en elle
même, mais principalement pour le but moral que vous vous
êtes proposé en le publiant, & que vous aurez atteint je l'espère.

Recevez en même temps, Monsieur & ami,
mes salutations affectueuses,

Lambinet.

Ancien Maire, ancien Président du tribunal de Commerce.

M. Gendrin, propriétaire, Boulevard de la Reine, 99.

8.

Versailles, le 10 Mars 1857.

Monsieur,

J'ai reçu le livre que vous avez bien voulu me faire remettre, et qui contient le récit de vos voyages dans l'Amérique Méridionale.

En vous adressant tous mes remerciements de cet ouvrage, je vous prie, Monsieur, de ne pas douter de l'intérêt avec lequel je le lirai, et des sentiments distingués avec lesquels j'ai l'honneur d'être

Votre très humble serviteur.

Le Général
Miot
Membre du Conseil Municipal.

Mr. Gendrin, propriétaire, Boulevard de la Reine, 99.

Morel

de bois de

Construction

rue de St Cloud

44.

Versailles, le 10 Février 1857.

Mon vieux Camarade,

J'ai reçu à la Mairie le Volume de tes voyages et qui m'était destiné.

Je t'en remercie, c'est une bonne idée que tu as mise à exécution, quand on a vécu en honnête homme on ne craint pas de dire ce que l'on a fait.

J'approuve ton travail, et j'espère que tous ceux qui te liront penseront comme moi.

En attendant le plaisir de te serrer la main,

Ton vieux ami :

Morel

Membre du Conseil Municipal.

Mr Gendrin, propriétaire, Boulevard de la Reine, 99.

Extrait du Journal de Versailles.

Nous nous empressons de publier la lettre ci-dessous, persuadé qu'elle contribuera à faire lire l'intéressant ouvrage récemment édité par M. Gendrin, enfant de cette ville, qui a su utiliser ses loisirs, et faire naître l'envie de l'imiter. Son œuvre, pour être bien appréciée, doit être lue sans désemparer. Aussi éprouvons-nous le besoin de la faire connaître le plus possible par la voie de notre journal, persuadé que nos lecteurs partageront la satisfaction que nous procure les éloges mérités adressés à son auteur, qui, sans se préoccuper des dépenses considérables qu'il a faites à ce sujet, consacre la totalité des sommes que rapporte son ouvrage, au soulagement des indigents inscrits au bureau de bienfaisance de Versailles, où sont immédiatement versés les dons provenant de cette source nouvelle, qu'un homme de bien emploie au profit de l'humanité, nous l'applaudissons de tout cœur.

Copie de la Lettre émanée du secrétariat général de la Société libre des Beaux-Arts, adressée à M. Gendrin.

(voir d'autre part.)

Paris, ce 14 Mai 1857

Monsieur,

« À l'issue de ses dernières séances, la Société des Beaux-Arts à daigné me charger de faire un rapport sur votre intéressant ouvrage, intitulé: Récit historique, exact et véridique, par mer et par terre, de quatre voyages faits au Brésil, au Chili etc.ª.

« J'ai lû avec le plus vif intérêt votre travail, et quoique n'ayant jamais visité les pays lointains que vous avez si bien décrits, j'y suis presque initié maintenant que votre livre me les a fait connaître.

« Vous avez eu le tact de comprendre qu'un style clair, précis et simple était préférable à un style plus élevé, peut-être plus élégant, mais qui souvent cache la vérité, ou tout au moins ne la met pas aussi bien à jour.

« Je m'empresse donc de faire le rapport qui concerne votre ouvrage, et j'espère que sous peu il sera inséré dans la Revue des Beaux-Arts, sinon en entier, du moins en résumé.

« Je vous remercie, Monsieur, d'avoir envoyé votre important ouvrage à la Société, car sa lecture m'a procuré des heures agréables, pour lesquelles je vous suis très reconnaissant, et si jamais vous manifestez le désir de faire partie de notre importante Académie, comme membre correspondant, soyez bien persuadé que je vous donnerai avec plaisir tous les renseignements qui vous seront nécessaires, pour faciliter votre admission, et que je serai le premier à apostiller la demande que vous pourriez adresser à notre Président.

« Agréez, Monsieur, avec mes félicitations, l'assurance de ma parfaite considération ;

« Moultat,

à la Banque de France.

____

(Extrait de la Société libre des Beaux-Arts séant à l'Hôtel-de-Ville de Paris.)

Bulletin N.° 587.

Séance du 19 Mai 1857.

Présidence de M.' Belaire.

Le procès verbal de la dernière séance est lu et adopté.

M. Moultat a de nouveau la parole pour lire son rapport sur un ouvrage d'un tout autre genre, ayant pour titre : Récits historique, exacts et sincère, par mer et par terre, de quatre voyages faits au Brésil, au Chili, dans les Cordillières des Andes ; à Mandoza, dans le Désert et à Buénos-Aires ; par M.' Gendrin.

Le Style de cet important ouvrage, dit M.' Moultat, est d'une grande simplicité ; mais

nous avons cru reconnaître, en le lisant atten-
tivement, que l'auteur n'a pas voulu s'attacher
à un style brillant, mais être vrai dans ses
récits, et, de plus, attirer l'attention par
l'intérêt dans les événements.

« Mᵉ Gendrin nous montre, avec une bonne
foi, une franchise & un langage naturel, un homme
éloigné de sa famille, de ses amis, dans un monde
nouveau pour lui et auquel cet éloi-
gnement même fait comprendre tout ce
qu'il y a de douceur dans les liens qui nous
unissent à la Patrie.

Mᵉ Anot de Maizières, dans son avis
au lecteur, en parlant de l'ouvrage de Mᵐᵉ
Gendrin, en fait un résumé très favorable
et dit : « Ces récits ont un avantage ;
ils sont variés ; on y passe sans cesse d'une
scène à une autre, d'une aventure de ville à
un accident de voyage, de l'intérieur d'une
boutique à une fête de campagne, du spectacle
des plaines de l'océan au tableau des Cordillères
des Andes, de la peinture d'un dîner d'amis
à celle d'un tremblement de terre ; de plus,
ils ont aussi leur côté instructif pour le
naturaliste, le voyageur et même le moraliste ; car le Brésil, le Chili, et Buénos-Aires,
sont des pays pour eux presque encore
inconnus, et dont, par conséquent, la description est propre à piquer leur curiosité.

Nous sommes persuadé, Messieurs, qu'après avoir lu l'ouvrage de Mr. Gendrin, on sera disposé à lutter avec plus d'ardeur contre les difficultés et les obstacles qu'on rencontre à chaque pas dans la vie, car on ne pourrait s'empêcher de reconnaître, qu'avec le courage, l'énergie, la patience et surtout la volonté, on finira toujours par triompher de la fortune adverse. « Je désire, dit Mr. Moultat en terminant, que cet intéressant ouvrage aille enrichir nos archives. »

La Société, à l'unanimité, se rend au désir de notre collègue.

Déposé aux Bibliothèques des Villes de Versailles, de Paris, et à celle de la Société libre des Beaux-Arts, etc, etc, etc. Et dans les Cabinets de lecture et chez l'auteur.

Belle lettre d'un illustre personnage dont nous n'avons pas l'autorisation de nous honorer de la publication.

Paris, le 17 Décembre 1857.

Société libre des Beaux-Arts,

séant à l'Hôtel de Ville de Paris.

fondée en 1830.

Secrétariat Général.

Paris, le 9 Juin 1857.

Le Secrétaire Général
à M.r Gendrin,

Monsieur,

La Société libre des Beaux-Arts après avoir écouté la lecture du rapport que j'ai fait sur votre important ouvrage m'a chargé à sa séance du 19 mai dernier, d'être son interprète auprès de vous, et de vous présenter les félicitations bien sincères, que mérite votre intéressant travail.

Je suis heureux Monsieur, qu'elle ait bien voulu me confier cette agréable mission, d'autant plus qu'elle me procure l'occasion de joindre mes compliments à ceux qu'elle me charge de vous adresser.

Agréez je vous prie l'assurance de ma parfaite considération.

Moultat,
à la Banque de France,

M.r Gendrin, propriétaire, Boulevard de la Reine, 99.

Revue de Paris.

Paris, le 1er 7bre 1856.

Bureaux
de Rédaction et
d'Administration
rue St Louis le Grand
à Paris.

Monsieur Gendrin, propriétaire,
Boulevard de la Reine, 99, à Versailles

Monsieur,

La Rédaction de la Revue de Paris, vous prie de faire remettre dans les Bureaux de la Revue, de exemplaires du Récit historique de vos voyages au Brésil, au Chili, etc. etc.

Il sera rendu compte de cet ouvrage dans le Bulletin bibliographique de la revue.

Agréez, Monsieur, l'assurance de ma considération

J. C. Fosse

M. Gendrin, Boulevard de la Reine, 99,

Du 1er au 15 Janvier 1857.

Extrait de la Revue anecdotique et critique de Paris.

Les récits par mer et par terre de M. Athanase Gendrin.

Nos propositions n'ont point été accueillies. J'ai dû me conformer au intentions de M. Gendrin, et lui laisser, en dégageant la mienne, l'entière responsabilité de son œuvre. Je me suis donc borné à remplir la modeste tâche de traducteur et copiste qu'il a bien voulu me donner.

Traducteur n'est pas flatteur pour M. Gendrin, et nous doutons fort qu'il en sache gré à son Censeur officieux. Eh bien, nous serons moins difficiles encore que Monsieur Aroh de Maizié et nous avouerons que les récits de M. Gendrin, nous ont fort intéressé d'un à l'autre, la franchise sauve tout, on y trouve des renseignements précieux l'aspect et la condition véritables des petits États de l'Amérique Méridionale.

Département
de la
Seine-Inférieure

Le Havre, 5 Juin 1858.

Le Maire de la Ville du Hâvre

Chevalier de l'Ordre Impérial de la légion d'honneur
à Monsieur Gendrin, homme de lettres à Versailles.

Monsieur,

J'ai l'honneur de vous accuser réception de votre lettre du 15 Mai dernier, et de l'exemplaire de votre ouvrage sur l'Amérique du Sud dont vous avez bien voulu faire hommage de la manière la plus gracieuse à la Bibliothèque de notre Ville.

Cette intéressante relation de vos pérégrinations ainsi que la pièce de vers intitulée: Une visite au Havre en 1855, dont elle est suivie, sera, je n'en doute pas, Monsieur, lue et appréciée par les nombreux habitués de notre Bibliothèque qui la consulteront avec fruit, eu égard aux fréquentes relations du port du Hâvre avec les contrées que vous avez décrites.

Veuillez donc, Monsieur, avec mes bien sincères remerciments, l'assurance de ma considération très distinguée.

Signé: H. Remfroint
adj.

Mairie
de
Draguignan.

Secrétariat.

Draguignan, le 20 Janvier 1859.

Monsieur,

J'ai reçu avec votre lettre du 15 Janvier courant l'exemplaire de l'ouvrage dont vous avez bien voulu enrichir notre Bibliothèque.

Permettez moi, Monsieur, de vous exprimer combien j'ai été sensible à votre obligeante attention et veuillez agréer pour le don d'une œuvre aussi intéressante et aussi instructive l'expression de ma vive reconnaissance.

En faisant déposer ce volume, à la Bibliothèque de la Ville, j'ai ordonné qu'il y fût inscrit, avec votre nom, sur le livre des dons faits à cet établissement.

Agréez Monsieur, avec mes sincères remerciements, l'assurance de ma considération la plus distinguée.

Le Maire de Draguignan,
Signé : Bourget.

Monsieur Gendrin, auteur & éditeur du Passe temps, Boulevard de la Reine, 99.

Mairie
de
Montpellier.

Bureau
Secrétariat.

Montpellier, le 2 Août 1858.

Le Maire de la Ville de Montpellier.

Monsieur,

J'ai reçu avec votre lettre du 25 Juillet dernier le Volume intitulé : Voyages de V. A. Gendrin dans l'Amérique du Sud, et que vous avez bien voulu offrir à la Bibliothèque de Montpellier.

Vos lettres publiées en tête de cet ouvrage témoigne de l'intérêt qui se rattache à cette publication et je suis convaincu qu'il sera lu avec grand plaisir par les personnes de distinction qui fréquentent ou viennent visiter notre bel établissement.

Veuillez, Monsieur, recevoir nos sincères remerciements pour cet hommage dont vous avez bien voulu honorer notre Bibliothèque et agréer l'expression de notre considération la plus distinguée.

Signé : Fussement.

Monsieur Gendrin, négociant, Boulevard de la Reine, 99, à Versailles.

Département
de la Meuse.

Mairie
de Bar-le-Duc

Bar-le-Duc, le 17 Novembre 1858.

Monsieur,

J'ai reçu l'exemplaire de l'ouvrage que vous avez publié au sujet de vos voyages dans l'Amérique Méridionale, et dont vous avez bien voulu gratifier notre Bibliothèque publique.

J'ai lu votre ouvrage avec un vif intérêt. Je vous en remercie en mon nom personnel et au nom de la Ville que j'administre.

Agréez, Monsieur, l'assurance de ma parfaite considération.

Le Maire,

Signé : L. Sainsère.

À Monsieur Gendrin, propriétaire, Boulevard de la Reine, 99, à Versailles (Seine-&-Oise)

Langres, le 7 Janvier 1859.

Département
de la
te-Marne.

Mairie
Langres.

Monsieur,

J'ai reçu avec une vive satisfaction un exemplaire de votre ouvrage intitulé : Voyage dans l'Amérique Méridionale, que vous m'avez adressé avec votre lettre du 5 courant pour être déposé à la Bibliothèque de Langres.

Cet ouvrage qui renferme des détails curieux et instructifs sur un pays lointain et généralement peu connu, ne peut manquer d'intéresser vivement les nombreux lecteurs qui fréquentent la Bibliothèque.

Je vous prie donc, Monsieur, de vouloir bien agréer mes remerciments ainsi que ceux du Conseil Municipal.

Agréez, Monsieur, l'assurance de ma considération très distinguée.

Le Maire de Langres
Signé : Mestion, adj.

Monsieur Gendrin, Commerçant, Boulevard de la Reine, 99, à Versailles.

Haut-Rhin.

Colmar, le 19 Octobre 1858

Mairie
de Colmar.

Monsieur,

J'ai reçu l'exemplaire de votre voyage dans l'Amérique Méridionale dont vous avez bien voulu faire hommage à la Bibliothèque publique de la Ville de Colmar.

Je m'empresse de vous remercier, au nom de la Ville, de ce don gracieux qui, en dehors du mérite de votre œuvre, a encore celui de la forme obligeante sous laquelle vous l'avez offerte.

Agréez, Monsieur, avec l'expression de toute ma reconnaissance, celle de mes sentiments bien distingués.

Le Maire de Colmar,
Signé : S. de Peyerrimhoff.

À Monsieur Gendrin, auteur & éditeur du passe temps,
À Versailles, Boulevard de la Reine, 99.

Mairie
de
Marseille.

1ère Division.

Secrétariat.

Marseille, le 16 Juillet 1858.

Monsieur,

J'ai reçu, avec la lettre que vous m'avez fait l'honneur de m'écrire le 15 Juin dernier, un exemplaire de votre ouvrage intitulé : Récit historique, exact et sincère, par mer et par terre, de quatre voyages faits au Brésil, au Chili, dans les Cordillières des Andes, à Mendoza, dans le Désert, et à Buenos-Aires ; 1 Volume in 8°relié, dont vous voulez bien faire présent à la Bibliothèque de la Ville de Marseille.

Je vais faire déposer cet ouvrage dans notre bibliothèque où il sera lu avec fruit par les personnes studieuses qui la fréquentent.

Mais en attendant, je vous remercie au nom de la Ville, de ce témoignage d'intérêt donné à sa bibliothèque.

Agréez, Monsieur, l'assurance de ma considération distinguée.

Le Maire de Marseille,

Signé : Dormoray.

Monsieur Gendrin, Boulevard de la Reine, 99, à Versailles (Seine-&-Oise.)

24

Brest, le 19 Novembre 1858.

Finistère.

N° 2678.

Objet.

Monsieur,

J'ai l'honneur de vous accuser réception de l'exemplaire que vous avez bien voulu destiner à la Bibliothèque de notre ville, de la relation que vous avez publiée de vos voyages en Amérique.

Je vous remercie de l'envoi de ce livre qui sera lu, je n'en doute pas, avec le plus grand intérêt, dans une ville qui compte un si grand nombre de navigateurs.

Recevez, Monsieur, l'assurance de ma considération la plus distinguée,

Le Maire de Brest,

signé : Byël jne

Monsieur Gendrin, propriétaire, 99, Boulevard de la Reine, Versailles.

Lyon, le 2 7bre 1838

…fecture
R hone.

…inistration.

…division.

…d'agriculture
…mmerce.

Bureau
…. 1715.

…r en marge de la
…la division à …u
…partient l'affaire

Monsieur,

J'ai reçu l'exemplaire des voyages dans l'Amérique méridionale que vous avez bien voulu offrir à la Bibliothèque de la Ville de Lyon.

Je m'empresse de faire déposer cet ouvrage à la Bibliothèque, et je vous remercie au nom de la ville de cette libéralité qui enrichit les collections municipales d'un livre plein d'intérêt.

Agréez, Monsieur, l'assurance de ma considération très distinguée.

Pour le Sénateur empêché, le Secrétaire général délégué.

signé   Pru

…sieur Gendrin, boulevard de la Reine, 99, à Versailles.

Département
de l'Aveyron.

———

Mairie
de Rodez.

———

Rodez, le 10 Janvier 1859.

Monsieur,

J'ai l'honneur de vous accuser réception de l'excellent ouvrage que vous m'avez adressé pour la Bibliothèque de notre ville. Je vous en remercie en mon nom particulier ainsi qu'au nom des Membres du Conseil Municipal.

Cet ouvrage est plein d'intérêt et de moralité, et il fera le plus grand bien aux gens qui en feront la lecture.

Veuillez, Monsieur, agréer l'assurance de ma considération très distinguée.

Pour le Maire de Rodez.

signé : Rorier

Monsieur Gendrin, propriétaire, Boulevard de la Reine Nᵒ 99, à Versailles.

...rtement
de
...-et-Loire.
Ville
de
...-sur-Saône

Chalon-sur-Saône, le 9 Décembre 1858..

À Mr. d'A. Gendrin, à Versailles.

Monsieur,

Dès le 28 ou le 29 octobre dernier, époque à laquelle parvins à la bibliothèque publique de Chalon-sur-Saône, l'intéressant ouvrage dont vous avez bien voulu l'enrichir, Monsieur le Maire de cette ville m'avait chargé de vous transmettre l'expression de sa reconnaissance pour ce gracieux envoi, ainsi que pour le plaisir que lui avait procuré la lecture de vos voyages par terre et par mer. Je vous prie de vouloir bien me pardonner de n'avoir pas rempli immédiatement ce devoir : jaloux de vous offrir en même temps l'expression de mon opinion personnelle sur votre livre, je tenais à ne vous en accuser réception qu'après l'avoir lu ; or l'empressement avec lequel il a été recherché tour à tour par chacun des nombreux lecteurs qui fréquentent notre bibliothèque, m'a ôté jusqu'à ce jour toute possibilité de faire cette lecture.

Je me borne donc aujourd'hui, Monsieur, à vous présenter de très sincères remerciements, tant au nom de nos magistrats municipaux, qu'au mien & en celui de vos nombreux lecteurs chalonnais, me réservant de vous dire plus tard tout le bien que je penserai de votre ouvrage, et vous assurant en attendant que la vogue dont il jouit dans notre ville m'est une preuve certaine de son mérite.

J'ai l'honneur d'être, Monsieur, avec tous les sentiments de la plus haute estime,

votre tout dévoué serviteur.

signé : G. Millot,

Conservateur de la bibliothèque publique de Chalon-sur-Saône.

Mairie
de
Besançon.

————

Département
du
Doubs.

————

Besançon, le 17 Septembre 1858.

Monsieur,

J'ai reçu, avec la lettre que vous m'ave[z] fait l'honneur de m'écrire le 15 du courant, l[e] beau volume que vous avez tout spécialemen[t] destiné à la Bibliothèque de notre ville et q[ui] renferme les intéressantes relations de vos [vo]-yages dans l'Amérique Méridionale.

Tout me porte à croire que ce livre s[era] considéré par beaucoup de lecteurs comme des plus curieuses publications qui ont enrichi notre Bibliothèque et je m'empresse [de] vous témoigner au nom de la ville toute la re[co]-naissance que mérite votre gracieuse libéralit[é].

Agréez, Monsieur, avec vos remercîment[s] l'assurance de ma considération la plus distingu[ée].

Le Maire.

A M. V. A. Gendrin, Boulevard de la Reine 99, à Versailles.

Mairie
de
Besançon.

Département
Doubs.

Besançon, le 21 septembre 1858.

Monsieur,

Avant de transmettre à la Bibliothèque de notre Ville le volume que vous lui avez destiné & dont Monsieur le Maire vous a remercié le 17 de ce mois, j'ai eu la curiosité de le lire d'un bout à l'autre.

Je viens d'achever cette lecture et je ne puis résister au besoin de vous témoigner combien elle m'a intéressé.

Le récit de vos périlleux voyages en Amérique & de votre retour en France est plein de scènes attachantes et de sages réflexions qui font non seulement estimer, mais encore aimer le narrateur. Votre dernier chapitre surtout m'a causé une bien douce émotion. Je me sens une vive sympathie pour l'homme qui manifeste si pieusement sa reconnaissance envers son père, sa mère, ses amis et ses bienfaiteurs en couronnant son œuvre par la plus touchante action de grâce à la divine providence qui l'a si visiblement protégé.

Si la fortune n'a pas répondu à toutes vos espérances, le bonheur, comme vous le dites, est une chose qu'on peut obtenir sans l'aller chercher au bout du monde. Vous méritez de le trouver, et quand on possède un cœur comme le votre, on est toujours assez riche.

Je vous remercie aussi Monsieur, du plaisir que m'a donné votre livre & vous prie d'agréer l'assurance de mes sentiments les plus distingués.

Le Secrétaire chef de la Mairie de Besançon.

Signé : Francin.

Département
de
Seine - et - Marne.

Ville
de Provins.

Extrait du registre des Délibérations
du Conseil Municipal de Pr

Séance du 16 Juillet 1859.

Le procès-verbal de la dernière séance est
lu et adopté.

M. le Maire fait part au Conseil Municipal que Mr Saussoy Babée lui a remis, pour
être déposé à la Bibliothèque de Provins, un liv
offert par M. Gendrin, propriétaire à Versailles.

Ce livre contient la relation des voyages que M.
Gendrin a faits dans l'Amérique Méridionale.

Le Conseil exprime toute la satisfaction que
lui fait éprouver l'envoi d'un ouvrage qui paraît
rempli d'intérêt. Il charge M. le Maire d'adress
des remerciments à M. Gendrin.

Fait et délibéré séance tenante, les jour, mois
an sus dits & ont les Membres présents signé au reg
Pour extrait conforme.
Le Maire,
Signé : Meunier.

Département
de
...-a--Marne.

Ville
...ovin...

Le Maire de la Ville,
à Monsieur Gendrin, propriétaire, Boulevard
de la Reine 99, à Versaille.

Monsieur,

J'ai l'honneur de vous accuser réception d'un
ouvrage contenant les relations de vos voyages en
Amérique, ouvrage que vous avez bien voulu me faire
remettre par Mr. Saussoy-Babée, pour être déposé à la Bibliothèque de notre ville.
Le Conseil Municipal de Provins, auquel
j'ai fait part de cet hommage, me charge de
vous adresser la délibération ci-jointe conte-
-nant l'expression de sa vive gratitude.
Recevez Monsieur, l'assurance de ma
considération distinguée.

Le Maire,
Signé : Meunier

Provins, le 29 Juillet 1859.

Monsieur
Monsieur Gendrin, auteur et propriétaire, Boulevard
de la Reine 99, à Versaille.

Extrait Bibliographique Parisienne.

Voyage dans l'Amérique du Sud
par Mr. J. A. Gendrin.

Parmi tous les ouvrages lancés à grand renfort de réclames, il en est quelques-unes plus modestes, véritables violettes littéraires, qui, élaborées silencieusement font leur apparition sans bruit, sont lus, prêtés, demandés, propagés & réimprimés au grand plaisir & étonnement de l'auteur, tout fier et tout honteux de son succès.

Entre ces productions nous avons remarqué, il y a peu temps, l'ouvrage que Mr. J. A. Gendrin vient de faire paraître, ouvrage très intéressant dans lequel il nous fait connaître toute l'Amérique du Sud, cette partie du monde que l'on n'entrevoit généralement qu'à travers les histoires des romanciers des aventures des voyageurs.

Après avoir parcouru ces contrées comme industriel marchand & négociant, l'auteur vient nous faire part de ses impressions sur Rio-Janeiro, Valparaiso, Santiago, les Cordillères des Andes, Mendoza, Buenos-Ayres etc; de ses remarques sur mœurs des habitants leurs costumes; l'état des arts, de l'industrie et des industriels & sur les monuments remarquables de toutes les villes de l'Amérique du Sud.

On doit l'en remercier. Mr. Gendrin nous décrit avec beaucoup de goût les monuments suivants :

(pour la suite voyez l'ouvrage : Le passe-temps
Signé : Denobili.